DU DROIT DE VISITE.

DU

DROIT DE VISITE

PAR M. JOLLIVET,

MEMBRE DE LA CHAMBRE DES DÉPUTÉS.

PARIS.

IMPRIMERIE D'AD. BLONDEAU, RUE RAMEAU, 7.

MAI 1842.

DU
DROIT DE VISITE

> Le droit de visite, si le gouvernement
> pouvait jamais y consentir, aurait les
> suites les plus funestes.
>
> (M. DE CHATÉAUBRIAND, ministre pléni-
> potentiaire de France au Congrès de Vérone.)

La liberté des mers, le droit des neutres, l'indépendance du pavillon, ont eu constamment pour défen-
seur, la France ; pour antagoniste, l'Angleterre.

Mare liberum, telle a toujours été la devise de la
France ; *mare clausum*, la devise de l'Angleterre (1).

La liberté des mers, le droit des neutres furent re-
connus par le traité d'Utrecht, en 1713, et par les
traités suivants.

L'article 17 du traité d'Utrecht porte :

(1) Voir le traité de l'anglais Selden, contre la liberté des mers.

« Qu'il sera permis à tous les sujets du roi très
« chrétien et de la reine de la Grande-Bretagne, de
« naviguer avec leurs vaisseaux en toute sûreté et li-
« berté, *sans être aucunement inquiétés ni troublés;* qu'on
« regardera comme libre tout ce qui sera trouvé sur
« les vaisseaux des sujets de l'un ou de l'autre royaume,
« quoique tout le chargement ou une partie de ce
« même chargement appartienne aux ennemis de leurs
« dites Majestés, à l'exception cependant des marchan-
« dises de contrebande de guerre ; que cette même
« liberté doit s'étendre aussi aux personnes qui navi-
« guent sur un vaisseau neutre, de manière que, quoi-
« qu'elles soient ennemies des deux parties ou de l'une
« d'elles, elles ne seront point tirées du vaisseau
« neutre, si ce n'est que ce fussent des gens de guerre
« au service desdits ennemis. »

Les principes consacrés par le traité d'Utrecht,
n'ayant pas été respectés par les Anglais, pendant la
la guerre que les États-Unis d'Amérique ont appelée
guerre de l'*Indépendance*.....

Catherine se plaça à la tête d'une confédération des
puissances du Nord, et au mois de mars 1780, adressa

aux cours belligérantes de Londres, de Versailles et de Madrid, cette célèbre déclaration :

« L'impératrice de toutes les Russies, a cru de sa justice, d'exposer aux yeux de l'Europe les principes qu'elle va suivre ; elle le fait avec d'autant plus de confiance, qu'elle trouve ces principes consignés dans le droit primitif des peuples, que toute nation est fondée à réclamer, et que les puissances belligérantes ne sauraient invalider sans violer la loi de la neutralité, et sans désavouer les maximes qu'elles ont adoptées, nommément dans différents traités et engagements publics.

« Ils se réduisent aux points suivants :

« 1° Que les vaisseaux neutres puissent naviguer *librement*, de port en port, et sur les côtes des nations en guerre ;

« 2° Que les effets appartenant aux sujets desdites puissances en guerre, soient libres sur les vaisseaux neutres, à l'exception des marchandises de contrebande (de guerre).

« 3° Que pour déterminer ce qui caractérise un port bloqué, on n'accorde cette dénomination qu'à celui, où il y a par la disposition de la puissance qui l'attaque avec des vaisseaux arrêtés et suffisamment proches, un danger évident d'entrer (1). »

M. De Vergennes, par sa dépêche du 27 juillet 1780, reconnut les principes de la déclaration, mais en revendiquant pour la France l'honneur de les avoir posés la première (2).

Ils furent consacrés de nouveau par le traité de paix entre la France et la Grande-Bretagne, signé à Versailles le 3 septembre 1783 (3).

L'Angleterre les viola outrageusement pendant les guerres de la révolution et de l'empire.

Par *ordre en Conseil* du 8 juin 1793, l'Angleterre ordonna aux commandants militaires de la marine d'arrêter les navires chargés en tout ou partie de céréales, et qui seraient dirigés sur la France ou dans les ports qui en dépendent.

(1) Voir Martens, traités de paix, t. II, p. 74.

(2) Adhésion de l'Espagne du 7 août 1780 ; de la Prusse, du 8 mai 1781 ; de l'empereur Joseph II, du 9 octobre ; du Portugal, du 15 juillet 1782 ; du roi des Deux-Siciles, du 10 février 1783.

Le Danemarck et la Suède avaient adhéré dès le principe à la déclaration de Catherine.

(3) L'article 8 du traité, renouvelle et confirme le traité d'Utrecht.

Le comte Bernstorff, ministre du roi de Danemarck, repoussa au nom de son gouvernement, par déclaration du 22 août, l'invitation qui lui était faite de laisser visiter les vaisseaux danois, pour s'assurer s'ils transportaient des vivres dans les ports de France.

Le gouvernement anglais publia, le 6 novembre 1793, une instruction par laquelle il interdisait aux nations neutres le commerce avec les colonies françaises.

Le 10 avril 1800, M. Merry, chargé d'affaires de la Grande-Bretagne près la cour de Danemarck, rédigea une note où on lit :

« Le droit de *visiter* et d'examiner les navires de commerce en pleine mer, de quelque nation qu'ils soient, et quelles que soient leur cargaison et leur destination, est regardé par le gouvernement britannique comme incontestable à toutes les nations en guerre. Il s'en suit que la résistance qu'oppose à la visite le commandant d'un navire de guerre d'une puissance amie, doit être regardé comme un acte d'hostilité. »

Le comte Bernstorf répondit que « l'usage et les traités ne donnent aux puissances belligérantes le droit de faire visiter par leurs bâtiments de guerre les navires de commerce d'une nation neutre que *quand ces navires ne sont pas convoyés ;* qu'aucune nation ne pourrait tolérer qu'on visitât ses navires escortés par des vaisseaux de guerre, sans avilir son pavillon. »

L'Angleterre ne tint aucun compte des protestations du Danemarck, et de la Suède qui avait traité avec le Danemarck pour faire respecter leur neutralité.

Le 25 juin 1800, un convoi de six bâtiments danois, sous l'escorte de la frégate *la Freya,* capitaine Krobbe, rencontra dans la Manche une escadre anglaise de six bâtiments de guerre qui voulut visiter les bâtiments convoyés. Le capitaine résista ; la frégate *la Freya* n'amena son pavillon qu'après avoir soutenu un glorieux combat contre l'escadre anglaise.

La frégate danoise et les six bâtiments de commerce furent capturés, et le gouvernement anglais refusa de les restituer au Danemarck.

Des faits de même nature déterminèrent la Russie, la Prusse et la Suède, à consacrer par de nouveaux traités, les principes de *la neutralité armée* de 1780. (1)

(1) Les nouveaux traités portent les dates des 16 et 18 décembre 1800.

Lord Karisford déclara que la Grande-Bretagne ne reconnaîtrait jamais ces principes, et protesta contre les nouveaux traités.

Le ministre de Prusse répondit, le 12 février 1801, avec une grande énergie :

« Le gouvernement britannique (disait-il), s'est arrogé, dans la guerre présente, plus que dans toutes les autres, *la suprématie des mers*, et, en se formant à son gré un code naval qui serait impossible à concilier avec les principes du droit des gens, il exerce sur les autres nations, amies ou neutres, une *juridiction usurpée* dont il soutient la légitimité, et qu'il veut faire passer pour un droit imprescriptible.

« Il n'est donc pas étonnant qu'après tant de vexations multipliées, les puissances neutres aient conçu le dessein d'y chercher remède et d'établir, à cet effet, un concert bien ordonné qui fixât leurs droits et les mît en mesure de les soutenir contre les puissances belligérantes. »

Dans la nuit du 24 mars 1801, Paul Ier, empereur de Russie, l'un des signataires du traité du 16 décembre 1800, avait cessé de vivre.

L'Angleterre profita de cet événement, se rapprocha

de son successeur, et, en lui faisant quelques concessions, en déclarant que les vivres et les bois de construction (principal objet du commerce russe) ne seraient pas qualifiés *contrebande de guerre*, elle parvint à le détacher des autres puissances du Nord, et à lui faire signer, à la date du 17 juin 1801, un traité par lequel il renonçait au grand principe *que le pavillon couvre la marchandise*, principe consacré par la déclaration de Catherine.

Par une autre convention signée à Moscou, le 20 octobre 1801, également contraire aux principes de la déclaration de 1780 et du traité de décembre 1800 : « Les bâtiments qui naviguent sous l'escorte d'un vaisseau de guerre, furent assujettis à la visite du vaisseau de guerre d'une des puissances belligérantes. »

La nouvelle de ce traité excita un très grand mécontentement en Suède et en Danemarck, mais l'abandon de la Russie les força d'y accéder, non sans une grande répugnance et une longue résistance.

Les puissances du Nord ayant déserté les principes de la *neutralité armée*, l'Angleterre pût se livrer impunément, tant envers la France qu'envers les neutres, à des actes inconnus jusque-là dans le droit des gens.

La France se vit forcée, à son tour, d'user de représailles.

« Considérant, porte le décret de Berlin (1), que l'Angleterre n'admet pas le droit des gens, suivi universellement par tous les peuples policés;

« Que la conduite de l'Angleterre, digne en tout des premiers âges de la barbarie, a profité à cette puissance au détriment de toutes les autres;

« Qu'il est de droit naturel d'opposer à l'ennemi les armes dont il se sert, et de le combattre de la même manière qu'il combat, lorsqu'il méconnaît toutes les idées de justice et tous les sentiments libéraux, résultat de la civilisation parmi les hommes;

« Nous avons résolu d'appliquer à l'Angleterre les usages qu'elle a consacrés dans sa législation maritime. »

(1) Décret du 21 septembre 1806.

Un ordre en conseil de novembre 1807, (1) provoqua le décret de Milan du 17 décembre 1807.

« Considérant, porte le décret, que tous les souverains de l'Europe sont solidaires de la souveraineté et de l'indépendance de leur pavillon ; que si, par une faiblesse qui serait une tache ineffaçable aux yeux de la postérité, on laissait consacrer par l'usage une pareille tyrannie, les Anglais en prendraient acte pour l'établir en droit. Nous avons décrété et décrétons ce qui suit :

Articles 1 et 2. — « Tout bâtiment, de quelque nation qu'il soit, qui aura souffert *la visite* d'un vaisseau anglais, etc., est par cela seul dénationalisé, a perdu la garantie de son pavillon, est devenu propriété anglaise et est de bonne prise ;

Art. 3. — « Les Iles Britanniques sont déclarées en état de blocus sur mer comme sur terre ; tout bâ-

(1) Cet ordre en conseil déclarait en état de blocus la France, l'Espagne, les pays de leurs alliés, toutes les places où se trouvaient les armées de ces deux puissances, les colonies espagnoles et françaises ; il assujétissait, en outre, les navires des puissances neutres à subir la visite des vaisseaux anglais et à mouiller dans un port quelconque de la Grande-Bretagne, avec l'obligation d'y acquitter certains droits fixés par la législation anglaise.

timent, de quelque nation qu'il soit, allant en Angleterre, est de bonne prise, etc.

Art. 4. — « Ces mesures, qui ne sont qu'une
juste réciprocité pour le système barbare adopté par
le gouvernement anglais, qui assimile sa législation à
celle d'Alger, cesseront d'avoir leur effet pour toutes les
nations qui sauraient obliger le gouvernement anglais
à respecter leur pavillon. (1) »

L'appel fait aux neutres par l'empereur Napoléon
fut entendu : la Russie publia, en 1807, une déclaration en faveur de la *neutralité armée*, et y rappela les
principes invoqués par Catherine dans la déclaration
de 1780.

Mais l'Angleterre étant parvenue à entraîner presque
tous les États de l'Europe dans sa lutte contre l'Empire,
les Etats-Unis d'Amérique sont restés seuls à défendre
le droit des neutres.

Ils ont refusé de se soumettre au droit de visite, et,

(1) Le roi d'Espagne, dans son décret du 3 janvier 1808, disait :
« Autorisé par un juste droit de représailles, et avisant aux moyens
d'obliger le cabinet britannique de renoncer à l'abus qu'il fait de sa
force, à son injuste tyrannie à l'égard des pavillons neutres, j'ai résolu
d'adopter les mêmes dispositions qui ont été prises par mon allié, l'empereur des Français.

malgré l'infériorité de leur marine militaire, ils ont soutenu résolument l'indépendance de leur pavillon.

Leur capitale a été brûlée sans que l'Angleterre ait pu leur arracher la plus légère concession.

Le droit de visite, qu'on le restreignit suivant le droit des gens aux navires non convoyés, qu'on l'étendit, suivant les prétentions de l'Angleterre aux navires convoyés, *était un droit des puissances belligérantes, qui devait cesser avec la guerre* (1).

Mais l'Angleterre s'est efforcée de le conserver pendant la paix, en cachant ses prétentions à la suprématie des mers sous un masque de philantropie.

Elle a demandé le droit de visite..... pour l'amour des noirs, et en haine de la traite!

Le duc de Wellington remit, le 26 août 1814, au ministre des affaires étrangères de France, un mémoire proposant : d'accorder aux vaisseaux de guerre des deux nations dans le tropique du nord et à l'ouest, jusqu'à la longitude du 25ᵉ degré du méridien de

______

(1) L'amirauté anglaise le reconnut elle-même dans ses instructions à ses croiseurs, de juillet 1816.

Greenwich, la permission de visiter les navires des deux nations (1).

Au congrès de Vienne, lord Castelreagh demanda également le droit de visite au nord de l'équateur.

M. le prince de Talleyrand répondit, au nom de la France : « Qu'il n'admettrait *jamais*, en fait de police, maritime, que celle que chaque puissance exerçait sur ses propres bâtiments. »

L'Angleterre fut plus heureuse auprès de l'Espagne, du Portugal et des Pays-Bas.

L'Espagne consentit au droit de visite par le traité du 22 septembre 1817.

Le Portugal et les Pays-Bas y consentirent par des traités de la même année.

L'introduction du droit de visite, en temps de paix, fut regardée par l'Angleterre comme une conquête de la plus grande importance (2).

---

(1) Le duc de Wellington, dans sa dépêche du 5 novembre 1814 à lord Castelreagh, avoue naïvement que le droit de visite paraît trop *désagréable* à la France et à son gouvernement pour qu'il puisse conserver l'espoir de l'obtenir.

(2) Appel du jugement de la Grande-Bretagne par les États-Unis. Walsh, page 576.

Lord Castelreagh voulut immédiatement se prévaloir du *précédent* qu'il venait d'obtenir.

Il réunit, au mois de février 1818, tous les représentants des puissances maritimes, et les invita à transmettre à leurs cours la proposition d'accorder aux bâtiments de guerre de chaque nation le droit de visiter les bâtiments marchands de toutes les nations, dans le but d'empêcher la traite.

Il adressa, le 24 février, à sir Charles Stuart, ambassadeur d'Angleterre à Paris, un mémorandum pour presser le gouvernement français de s'associer aux traités par lesquels l'Espagne, le Portugal et les Pays-Bas avaient consenti au droit de visite réciproque.

Le duc de Richelieu s'y refusa, et motiva son refus « sur ce que l'*offre de réciprocité était illusoire*, et que les conflits inévitables auxquels donnerait lieu l'exercice du droit de visite, auraient pour effet de troubler la bonne harmonie entre les deux gouvernements. »

Les instructions données le 26 mars 1819, à M. le marquis de Latour-Maubourg, ambassadeur à Londres, lui signalent la question du droit de visite comme celle qui exige de sa part le plus de prudence et de réserve; et lui rappellent que « la cour de Londres a cherché à *tirer parti*, pour ses intérêts particuliers, de projets qu'une apparence de philantropie, conforme aux idées du siècle, empêche de rejeter ouvertement. »

Dans une note du ministre des affaires M. Pasquier, au mois d'avril 1820, la France continue de repousser le droit de visite demandé pour l'abolition de la traite : « Le remède aurait plus de danger que le mal même, y lit-on; la visite sur mer, en pleine paix, est un acte qui blesse l'indépendance du pavillon. Une nation ne saurait y souscrire sans porter atteinte à son indépendance. »

L'Angleterre demanda de rechef le droit de visite, en 1822, au congrès de Vérone.

On connaît la réponse du plénipotentiaire de France, *M. de Châteaubriand;* elle est digne de la grande nation qu'il représentait, et on ne doit pas se lasser de la reproduire :

« Si le gouvernement français pouvait jamais consentir au droit de visite, il aurait les suites les plus funestes; le caractère national des deux peuples français et anglais s'y oppose, et s'il était besoin de preuve à l'appui de cette opinion, il suffirait de rappeler que cette année même, en pleine paix, le sang français a coulé sur le rivage d'Afrique. La France reconnaît la liberté des mers pour tous les pavillons étrangers, à quelque puissance légitime qu'ils appartiennent; elle ne réclame pour elle que l'indépendance qu'elle respecte dans les autres et qui convient à sa dignité. »

Persévérante dans son but, habile à profiter des circonstances, l'Angleterre a exploité les sentiments d'amitié que la révolution de 1830 avait éveillés entre deux peuples si longtemps ennemis. Elle a invoqué de nouveau ces grands principes d'humanité dont l'Angleterre se pare (1), que la France pratique; et elle est enfin parvenue à nous faire accepter le droit de visite, en pleine paix.

Les conventions de 1831 et de 1833 ont été signées!

Des préoccupations de diverse nature nous empê-

______

(1) Les Anglais avaient obtenu par le traité d'Utrecht le privilége d'approvisionner pendant 30 ans les colonies espagnoles, à raison de 4,800 noirs par an.

Dans les négociations qui précédèrent le traité de paix d'Aix-la-Chapelle, et lors du traité de Madrid, les plénipotentiaires anglais insistèrent pour que ce privilège leur fût maintenu (Voir Actes et Mémoires de la paix d'Utrecht, t. V. p. 72, Walsh's appeal, p. 327.

chèrent alors de sentir toute la portée de ces conventions funestes, quant à la liberté des mers, le droit des neutres, l'indépendance du pavillon , la suprématie de l'Angleterre.

Nos marins seuls ne s'y trompèrent pas, Elles leur firent éprouver des sentiments pénibles auxquels la France entière s'associe aujourd'hui, sentiments si bien exprimés par l'amiral Lalande et si favorablement accueillis par la Chambre des députés (1).

La France s'aperçoit, mais un peu tard , que ses marins avaient raison.

Le droit de visite, toléré en temps de guerre, dans

(1) Séance du 23 janvier, *Moniteur* du 24 :

L'Amiral Lalande. — « Nous sommes élevés, et nous vivons dans la conviction que la mer doit être libre ; qu'elle n'appartient à personne exclusivement ; que toutes les nations ont un droit égal et illimité d'en user, et que nous, marins français , nous étions les protecteurs nés de cette liberté des mers (Très bien ! très bien !).

« Les traités de 1831 et 1833 nous ont paru exorbitants; ils froissaient notre foi, ils nous ont causé un malaise que produit un mauvais moyen employé à bonne fin (Vive approbation).

« C'est la France qui , la première, a écrit sur son pavillon : *liberté des mers ;* cette liberté, elle l'a voulue pour tous et en tout temps ! Et ce que nous avons voulu et soutenu dans nos plus mauvais jours, dans les temps où nous n'avions presque pas les moyens de le vouloir, nous l'abandonnerions le lendemain de la révolution de Juillet !

« Voilà ce que nous pensions en 1831 et 1833, et je crois qu'au fond nous avions raison (Très bien! très bien !) »

des cas déterminés, n'avait jamais été admis en temps de paix (1).

Tout navire doit être considéré comme une colonie flottante de son état (2), lui faire violence en l'abordant, en le visitant : c'est attenter à l'indépendance de sa nation (3).

Autoriser un bâtiment de guerre étranger à le visiter, même pour constater un délit, pour réprimer un trafic illicite, c'est reconnaître à un gouvernement étranger un droit de police et de juridiction qu'il n'a que sur ses nationaux ou sur son territoire.

Le marin a son domicile sur son navire ; nul n'a le droit d'y pénétrer sans un mandement de justice, délivré par le gouvernement de son pays.

Le droit de visite n'aurait dû être concédé par la France à aucune nation, en aucun cas, sous aucun prétexte, quand même le but réel eût été la suppression de la traite.

(1) Le cas de piraterie excepté.
(2) Klüber, Droit des gens, § 298 et 299.
(3) Dépêche du 22 août 1809 du comte de Champagny, ministre des affaires étrangères, au général Armstrongh, ministre plénipotentiaire des États-Unis.

Le célèbre jurisconsulte anglais, sir W. Scot, depuis lord Stowel , en fait l'aveu.

« Aucune nation, dit-il, ne peut exercer un droit de visite sur les portions communes et vagues de l'Océan qu'à titre de puissance belligérante. Aucune nation n'a le droit, sous prétexte d'un bien éminent, de recourir à des moyens illicites ou de presser la reconnaissance d'un grand principe en renversant d'autres grands principes qui font obstacle. »

M. l'amiral Lalande a résumé ces paroles avec une heureuse précision : le droit de visite, pour la suppression de la traite, *c'est un mauvais moyen employé à bonne fin*.

Au lieu de délivrer des mandats à des croiseurs anglais, la France devait doubler le nombre de ses croiseurs ; elle serait ainsi restée fidèle à la déclaration faite en son nom par le prince de Talleyrand : « qu'elle n'admettrait *jamais*, en fait de police maritime, que celle exercée par chaque puissance sur ses propres bâtiments. »

M. le ministre des affaires étrangères est d'une opinion différente, il ne reconnaît pas que la liberté des mers, le droit des neutres, l'indépendance des pavillons aient été violés par les conventions de 1831 et 1833.

« En temps de guerre, dit M. Guizot (1), la visite est permise, pour s'assurer si un navire qui veut entrer dans un port bloqué est porteur de contrebande de guerre.

« Les conventions de 1831 et 1833 ont assimilé la traite des nègres à la contrebande de guerre ; elles ont considéré, en quelque sorte, les côtes d'Afrique comme en état permanent de blocus, quant au trafic des esclaves. »

Le droit de visite, en cas de *blocus réel*, a toujours été admis.

Il a été prétendu par l'Angleterre en cas de *blocus fictif*, mais contesté par toutes les autres nations (2).

M. Guizot se range du côté de l'Angleterre et admet le blocus fictif.

(1) Séance de la Chambre des députés, *Moniteur* du 25.
(2) Déclaration des puissances du Nord de mars 1780.
Décrets de Berlin et de Milan de 1806 et de 1807, etc., etc.
La prétention de bloquer, par une proclamation, des rivières ou des côtes, est aussi révoltante qu'absurde. Une place n'est réellement bloquée que quand elle est investie par terre et par mer, et c'est alors seulement que le droit d'empêcher les bâtiments neutres d'y entrer, existe. (Dépêche du comte de Champagny du 22 août 1809 au général Armstrong, ministre plénipotentiaire en France des États-Unis d'Amérique).

Suivant le droit des gens antérieur aux conventions de 1831 et 1833, la piraterie était le seul cas qui, en temps de paix, légitimât la visite.

M. Guizot pense qu'on a bien fait de créer, par assimilation des cas nouveaux.

Avec ces assimilations que l'analogie ne justifie nullement (il n'y a rien de commun entre la traite des noirs et la contrebande de guerre, entre un port bloqué et les cinq cents lieues de la côte d'Afrique), avec ces extensions du droit de visite, si facilement admises, M. Guizot se prête, à son insu, au but que l'Angleterre s'est constamment proposé : la violation habituelle, l'anéantissement complet de la liberté des mers !

Les conventions de 1831 et 1833 sont d'autant plus déplorables que l'Angleterre les a colportées dans toute l'Europe, s'est prévalue chez toutes les puissances du second ordre de l'exemple de la France, et a obtenu successivement leur adhésion (1). Comment auraient-

(1) Voir les traités du 26 juillet 1834 avec le Danemarck, du 26 septembre 1833 avec la Sardaigne, du 20 août 1836 avec la Norwége, des 6, 8 et 10 décembre 1838 avec le royaume des Deux-Siciles, la Toscane, les villes libres de Lubeck, de Brême et de Hambourg.

elles refusé ce qu'avait concédé la France, la France qu'elles avaient regardé jusque-là, comme la protectrice née de la liberté des mers?

Pour nous réconcilier avec le droit de visite, M. Guizot invoque la réciprocité : « *Si* les bâtiments de guerre anglais visitent nos navires de commerce, nos navires de guerre visitent les navires de commerce anglais. »

Cette réciprocité est-elle réelle? M. le duc de Richelieu n'avait-il pas raison de la considérer comme *illusoire* ?

L'Angleterre, dans son budget maritime qu'elle aime à alimenter largement, ne recule pas devant quelques millions de plus pour assurer, dans tous les parages, la prédominance de son pavillon.

Aussi, *en fait*, voit-on ses croisières partout et les les nôtres presque nulle part (1).

M. le ministre des affaires étrangères nie le fait, que n'aurait pas nié son collègue, M. le ministre de la marine.

(1) Discours de M. Billaut, séance du 22 janvier, *Moniteur* du 25.

A l'appui de sa dénégation, il a produit à la chambre un état d'où il résulterait que, depuis dix ans, cent neuf mandats auraient été donnés par le gouvernement anglais à nos bâtiments de guerre pour exercer le droit de visite, et que nous n'aurions donné que cent vingt-quatre mandats à des bâtiments de guerre anglais, différence peu considérable.

Je ferai d'abord observer que les chiffres de M. le ministre des affaires étrangères ne sont pas exacts ; j'ai sous les yeux un état officiel du ministre de la marine, d'où il résulte que 152 et non 124 mandats ont été délivrés à des bâtiments de guerre anglais, dans les dix dernières années.

Je ferai observer, en outre, que les mandats délivrés aux bâtiments français, l'ont été principalement à nos bâtiments de guerre formant les stations de *Bourbon* et des *Antilles*.

Nos bâtimens de guerre sont occupés dans ces stations, à protéger le commerce de la métropole avec ses colonies, à porter les correspondances et à entretenir les communications de nos colonies entre elles ; à empêcher la contrebande, et les évasions des noirs incessamment provoquées par notre bonne et fidèle alliée, l'Angleterre.

La traite ne se faisant, d'ailleurs, ni dans les colonies françaises, ni dans les colonies anglaises; nos croiseurs commissionnés, aux *Antilles* et à *Bourbon*, ne s'en préoccupent nullement, et on n'a jamais entendu parler d'un navire de commerce anglais visité par un de nos bâtiments de guerre.

Les bâtiments de guerre anglais, commissionnés pour le droit de visite, ont, au contraire, pour principale mission de réprimer la traite; ils croisent constamment sur les côtes du *Brésil*, de *Cuba*, de *Porto-Ricco*, et visitent comme suspects de traite, tous les navires français et étrangers qu'ils rencontrent dans ces parages.

Sur *la côte d'Afrique*, nous avons eu, suivant M. le ministre des affaires étrangères, 13 croiseurs commissionnés en dix ans; les anglais en ont eu 55.

En 1839 et 1840, nous n'y avions pas un seul croiseur commissionné, aujourd'hui, nous en avons deux seulement.

Les Anglais y ont toujours eu un nombre de croiseurs au moins triple du nôtre.

Ils sont d'accord avec notre ministre des affaires étrangères, pour considérer la côte occidentale d'Afrique, *comme en état de blocus*, et c'est-là précisément que tous les navires de notre commerce sont impitoyablement visités.

Pourquoi n'entretenons-nous pas un nombre de croiseurs égal au nombre des croiseurs anglais ?

C'est que notre marine est inférieure en nombre à la marine anglaise.

C'est que les Anglais ont, à saisir les navires qui font la traite, un intérêt que nous n'avons pas (1).

Aussi, excitent-ils par tous les moyens, le zèle et la surveillance de leurs croiseurs.

L'acte du Parlement du 24 juin 1824 ; clause 44,

(1) Tous les noirs saisis sur un bâtiment négrier sont conduits par les Anglais dans leur colonie de *Sierra-Leone*, et de là, *forcés* de s'embarquer, sous le nom de travailleurs *libres*, pour les Indes-Occidentales ; en sorte que les Espagnols et les Brésiliens font la traite, toutes les fois qu'ils sont pris, au profit de l'Angleterre.

Je ne tarderai pas à publier à l'appui de mon assertion des dépêches officielles du gouvernement anglais, et notamment les instructions de lord John Russel aux gouverneurs de Sierra-Leone du 17 juin 1840 et 20 mars 1841.

donne la moitié du navire capturé et de la cargaison au capitaine du bâtiment capteur (1).

L'acte du Parlement du 16 juillet 1850 lui donne en outre 10 livres st. par tête de noir, homme, femme ou enfant.

Et il est tel capitaine anglais qui, dans une seule croisière, a gagné cent mille écus !

L'appât d'un aussi riche butin ne serait-il pas pour quelque chose dans la fréquence des visites de nos bâtiments de commerce, dans cette persistance à les visiter, quoique depuis dix ans on n'ait pu découvrir *un* fait de traite sous le pavillon français ? (2)

Nos bâtiments de guerre pourraient aussi visiter les navires de commerce anglais, mais ils ont la loyauté de s'en abstenir, parce qu'ils savent qu'ils ne font plus la traite (3).

(1) Le capitaine d'un bâtiment français n'a droit qu'à 4 ou 5 parts ; loi du 4 mars 1851, article 16 ; loi du 1er octobre 1793.

(2) Le *Marabout*, le seul bâtiment qui ait été accusé de faire la traite, a été acquitté.

(3) La traite, pour laquelle les Anglais professent une si sainte horreur, s'est faite longtemps par de nombreux navires armés à Liverpool ; et aujourd'hui encore, ils font paisiblement la traite sur la côte orientale d'Afrique et dans l'Inde (Voir ma *Philantropie anglaise*, pages 25, 26, 27, 28, et les documents officiels qui y sont rapportés).

Ainsi, notre loyauté tourne à notre préjudice; elle fait notre situation inégale; elle rend illusoire cette prétendue réciprocité, mauvaise excuse des conventions de 1831 et 1833.

Ces conventions sont fécondes en dangers, en dommages de toutes sortes.

Elles blessent la juste fierté de notre marine.

Nos marins se sentent humiliés quand le coup de canon du croiseur anglais les avertit de mettre en panne; quand ils voient l'officier de la marine anglaise monter sur leur bord pour les *visiter*.

La visite s'opère habituellement avec fort peu d'égards; d'un côté est la force, de l'autre la faiblesse.

« L'habitude de l'arbitraire (dit un journal anglais *The Sun*), est engendrée et entretenue chez nos officiers de marine, par notre mode de recrutement naval, et ces habitudes, ils ne se font pas scrupule de les étendre aux bâtiments étrangers. »

Ecoutilles brisées, cargaisons bouleversées, entassées sur le pont, libre usage des vivres et provisions des navires visités, soustractions d'objets de prix, tout cela est mille fois arrivé, tout cela est inséparable du droit de visite.

Comment, en effet, pourrait-il en être autrement;
la nature humaine et la position des parties étant données? Nul moyen de répression pour le présent, nulle
responsabilité pour l'avenir! La discipline la plus ri-
gide et les meilleures dispositions ne pourraient prévenir les abus. Du moment où une troupe de matelots
se jette sur un navire appartenant à une autre nation,
ils se comportent en maîtres ; ils vivent à discrétion
comme sur un territoire ennemi.

Les officiers sont-ils mal disposés, la discipline est-
elle relâchée, les excès s'accroissent avec une intensité
effrayante (1).

Lorsque le droit de visite fut stipulé entre la France
et les Etats-Unis d'Amérique, droit de visite que la
guerre de la France avec l'Angleterre nécessitait, des
précautions furent prises pour en prévenir les abus.

L'article 18 de la Convention du 8 vendémiaire,
an IX, porte :

« Si les bâtiments des citoyens de l'une ou l'autre
nation sont rencontrés le long des côtes ou en pleine

______

(1) Du *Droit de visite*, par un Américain, page 46. Cette brochure
est généralement attribuée au général Cass, ministre plénipotentiaire
des États-Unis.

mer par quelques vaisseaux de guerre ou corsaires de l'autre, *pour prévenir tout désordre*, lesdits vaisseaux ou corsaires se tiendront hors de la portée du canon, et enverront leur canot à bord du navire marchand qu'ils auront rencontré : ils n'y pourront entrer qu'au nombre de *deux ou trois hommes*, et demander au patron ou capitaine dudit navire exhibition de ses papiers, etc., etc.

« Il est expressément convenu que le neutre ne pourra être contraint d'aller à bord du vaisseau visitant; pour y faire l'exhibition demandée des papiers et pour toute autre information quelconque. (1) »

Cette disposition protectrice du faible, cette garantie contre l'abus de la force, n'existe pas dans les conventions de 1831 et 1833.

Et l'absence s'en est fait cruellement sentir.

Les hommes de l'équipage du *Marabout* et de l'*Africaine* maltraités, leurs navires mis au pillage, le capitaine de la *Noëmie-Marie* battu par le commandant du croiseur anglais, notre pavillon grossièrement in-

___
(1) Le traité des Pyrénées du 17 novembre 1659 contient une disposition semblable. Azuni, *Droit maritime de l'Europe*, ch. III, art. 4.

sulté..... Ce sont là des épisodes assez fréquents du droit de visite.

M. le ministre des affaires étrangères le nie; à l'entendre, *le droit de visite n'aurait jamais donné lieu à aucun abus qui vaille le bruit qu'on en fait* (1).

J'admire sa philosophique indifférence. Si M. le ministre des affaires étrangères a voulu dire que jusqu'à ce jour les avanies que notre marine a eu à souffrir de la part des croiseurs anglais, n'avaient pas eu autant d'éclat.....

Il peut avoir raison.

Mais il ne saurait nier les faits du *Marabout*, de l'*Africaine*, de la *Noëmie-Marie*, ni prétendre que ce sont les seuls faits de cette nature.

Je suis certain, et j'affirme, que des plaintes nombreuses ont été adressées au ministre de la marine, et transmises au ministre des affaires étrangères.

Elles existent dans ses archives.

(1) Chambre des députés, séance du 22 janvier, *Moniteur* du 25.

J'engage M. le ministre des affaires étrangères à se les faire représenter, et à y donner suite (1).

Le droit de visite, si fâcheux pour nos marins, a pour notre commerce des conséquences non moins fâcheuses.

Il autorise l'officier anglais à visiter les papiers du navire, le rôle d'équipage, le connaissement, le chargement, à s'assurer de sa provenance, de sa destination (2).

Des visites répétées font connaître à l'Angleterre le but, la direction, l'importance de nos opérations commerciales avec la côte d'Afrique, le Brésil, les îles Espagnoles.

(1) Le 30 avril dernier, j'ai écrit à M. le ministre des affaires étrangères la lettre suivante :

Monsieur le Ministre,

« Je désirerais avoir communication des *réclamations* auxquelles a donné lieu l'exercice du droit de visite, en exécution des traités de 1831 et 1833, et de tous les documents *non-confidentiels* qui y seraient joints.

« Je l'ai demandée dans les bureaux de votre ministère ; on m'a répondu qu'on ne pouvait me la donner sans l'autorisation du ministre.

« Je viens donc vous prier de m'accorder cette autorisation.

« Agréez, etc., JOLLIVET, député d'Ille-et-Vilaine. »

Ma lettre est restée sans réponse.

(2) L'article 2 des conventions annexes autorise le capitaine du bâtiment visiteur à dresser un inventaire de tous les papiers trouvés à bord.

L'Angleterre, n'en doutez pas, a utilisé et continuera d'utiliser ces renseignements au profit de son commerce, au préjudice du nôtre.

Le droit de visite, suivi de temps en temps d'une arrestation, suffit pour décourager le commerce français, pour enlever aux nationaux et aux étrangers la confiance dans notre pavillon.

Au moment où le *Marabout* a été arrêté, le *Saphir* préparait à Bahia une expédition commerciale, par la côte d'Afrique, la crainte d'être arrêté comme le *Marabout*, lui a fait renoncer à son expédition.

Cette crainte est devenue générale; elle est arrivée à ce point qu'un armateur a demandé, à notre gouvernement, si, pour éviter une arrestation à laquelle la nature de son chargement pouvait donner lieu, il ne devrait pas se munir d'un permis du *Consul anglais!* (1)

Les commerçants étrangers du Brésil, des possessions espagnoles, de la côte d'Afrique, voyant que notre pavillon n'est pas respecté, qu'il n'empêche pas

(1) Tous les journaux ont donné la lettre et le nom de l'armateur, M. Coullin, de Nantes.

l'arrestation de nos navires , préféreront affréter des navires anglais, car ils savent bien que les navires anglais ne seront jamais arrêtés, malgré la réciprocité du droit de visite.

M. le ministre des affaires, continuant son apologie des traités de 1831 et 1833, invoque l'article 8 comme une garantie contre les arrestations sans motifs et contre les abus du droit de visite.

L'article 8 dispose : « que lorsqu'un bâtiment de commerce aura été visité et arrêté indûment, ou *sans motif suffisant de suspicion*, ou lorsque la visite ou l'arrestation auront été accompagnés *d'abus ou de vexations*, le commandant du croiseur, ou l'officier qui aura abordé ledit navire, ou enfin celui à qui la conduite en aura été confiée, sera, suivant les circonstances, passible de dommages-intérêts envers le capitaine, l'armateur et les chargeurs.

Ces dommages intérêts pourront être prononcés par le tribunal devant lequel aura été instruite la procédure contre le navire arrêté, son capitaine, son équipage et sa cargaison, et le gouvernement du pays auquel appartiendra l'officier qui aura donné lieu à cette condamnation, payera le montant desdits dommages-intérêts dans le délai d'un an à partir du jour du jugement. »

Cet article fait naître plusieurs réflexions.

Je vois bien qu'en cas d'arrestation, le tribunal devant lequel aura été instruite la procédure contre le navire arrêté, est le tribunal compétent pour prononcer sur les dommages-intérêts; mais je ne vois pas quel tribunal, anglais ou français, sera compétent dans le cas beaucoup plus fréquent où il n'y a point eu arrestation, mais visite, accompagnée de *vexations* et d'*abus*.

Je remarque que l'*arrestation* ne donne lieu à aucuns dommages-intérêts, pour peu que le commandant du croiseur ait eu *des motifs de suspicion suffisants*.

Je rapproche l'article 8 des articles 6 et 7, qui disposent que les motifs de suspicion seront jugés *suffisants* lorsque le bâtiment aura été muni de planches, d'une provision d'eau, de riz, de farine, au-delà des besoins probables de l'équipage, *alors même que les tribunaux auront jugé que le bâtiment n'était pas destiné à faire la traite*, et je conclus de ce rapprochement que la garantie de l'article 8 est confisquée par les articles 6 et 7.

Mais quand bien même un jugement aurait été rendu, qui condamnerait à des dommages-intérêts, — est-il certain que le gouvernement anglais consentirait à exécuter le jugement ?

M. le ministre des affaires étrangères n'en doute pas.

Il a déclaré à la Chambre des Pairs (1) :

« Que le gouvernement du roi allait donner connaissance au gouvernement anglais de l'arrêt qui accorde des dommages-intérêts au propriétaire du *Marabout*, et en réclamer le paiement. »

Je désire, mais je doute que sa réclamation réussisse.

Voici sur quoi mes doutes sont fondés.

Un brick appartenant à *M. Delluc*, armateur à Saint-Pierre-Martinique, portant le nom de *l'Ursule*, fut saisi le 15 avril 1822, sur la côte d'Afrique, par un

(1) Séance du 11 avril, *Moniteur* du 12.

bâtiment de la station anglaise commandé par sir Robert Mends.

Après une longue instruction criminelle, dirigée contre l'armateur et le capitaine, pour contravention aux lois prohibitives de la traite des noirs, ils ont été successivement acquittés par le tribunal de première instance de Saint-Pierre-Martinique et par la commission spéciale d'appel de cette colonie.

L'arrêt de la commission spéciale d'appel est du 7 mai 1825.

Un pourvoi en cassation a été formé, et a été rejeté par arrêt du 26 novembre de la même année.

La valeur du navire, de la cargaison, et le bénéfice présumé de l'opération, ont été évalués d'une manière juridique à 275,406 fr.

M. Delluc et ses représentants se sont adressés, mais en vain, au gouvernement français pour qu'il appuyât la demande d'indemnité au gouvernement anglais.

Je saisis cette occasion pour prier M. le ministre des affaires étrangères de vouloir bien joindre à la réclamation, pour le *Marabout*, celle des propriétaires de l'*Ursule*, et toutes celles qui pourraient exister dans les dossiers qu'il n'a pas voulu me communiquer.

Quant aux réclamations fondées sur *les abus et vexations* qui ont accompagné les visites.

Il est utile que les réclamants sachent ce qui, jusqu'ici, a eu lieu invariablement.

Le capitaine du navire français visité, adresse sa plainte avec son rapport au ministre de la marine.

Le ministre de la marine la transmet au ministre des affaires étrangères.

Le ministre des affaires étrangères la communique, ou ne la communique pas, au gouvernement anglais.

Le gouvernement anglais fait contredire le rapport du capitaine et de l'équipage du navire français visité, par un rapport du capitaine et de l'équipage du navire anglais visiteur.

Le gouvernement français est satisfait, et le réclamant n'entend onques parler de sa réclamation.

Pour mettre un terme à ces dénis de justice, il n'y a qu'un moyen, c'est la publicité.

Depuis quelque temps, la presse (et je l'en loue),
se préoccupe des abus du droit de visite.

Qu'elle continue ses utiles révélations, et satisfaction
sera donnée à notre commerce et à notre marine.

Mais la France n'obtiendra de satisfaction complète
que le jour où les traités de 1831 et 1833 auront cessé
d'être exécutés.

Ces traités, grâce à Dieu, ne sont point éternels.

On lit dans leur préambule que : « Le droit de vi-
« site a été accordé pour rendre plus efficaces les
« moyens de répression jusqu'à présent opposés au
« trafic criminel connu sous le nom de traite des
« noirs. »

Or, il est constant aujourd'hui, non-seulement que
la traite des noirs n'a pas été faite par la France, mais
qu'aucune nation ne s'est servi, pour la faire, du pavillon français.

Le droit de visiter les navires français est donc devenu sans objet.

Objectera-t-on que les négriers prendront le pavillon français quand il ne sera plus permis de visiter
nos navires ?

Je répondrai que les navires américains ne peuvent pas être visités, et que les négriers prennent rarement le pavillon américain.

J'ajouterai que la France n'a jamais contesté à un bâtiment de guerre étranger le droit de s'assurer de la nationalité d'un navire portant son pavillon, et qu'ainsi les négriers ne pourraient pas impunément usurper le pavillon français pour se livrer à la traite.

Avons-nous besoin de négocier pour obtenir que les traités n'existent plus?

Je ne le pense pas.

L'art. 3 du traité porte : « Que le nombre des bâtiments à investir du droit de visite, sera chaque année fixé par une convention spéciale. »

L'art. 5 veut : « Qu'aucun bâtiment de guerre ne puisse exercer la visite, s'il n'est muni d'une autorisation de chacun des deux gouvernements. »

Le gouvernement français mettra fin aux traités de 1831 et 1833, en déclarant qu'il n'y a pas lieu de renouveler la convention annuelle, en refusant de délivrer les autorisations.

Ce refus serait contraire à l'esprit et au but du traité, si le but du traité n'était pas atteint; mais s'il est atteint, si la traite a complètement cessé de se faire sous pavillon français, le gouvernement anglais ne peut alléguer aucune raison pour maintenir le droit de visite.

En cessant d'exécuter les traités de 1831 et 1833, le gouvernement répondra aux désirs du pays et des Chambres.

L'auteur de l'amendement que la Chambre des députés a adopté, M. Jacques Lefèvre, n'en a pas dissimulé la portée.

Il a déclaré qu'il entendait appeler la plus sérieuse attention du gouvernement, non-seulement sur la ratification ou non-ratification du traité du 20 décembre 1841, mais encore sur *l'exécution des anciens traités.*

« Je ne suis pas, a-t-il dit, partisan de ces traités. Pour en sortir avons-nous besoin de négociations nouvelles?

« N'avons-nous pas entre les mains tous les moyens d'y mettre fin quand bon nous semblera?

« S'il y a abus, s'il y a vexation, qui s'oppose à ce

que le gouvernement déclare qu'il ne donnera désormais aucune autorisation ? etc.

« La traite ne se faisant plus (sous le pavillon français), nous sommes voisins du temps où les traités seront inutiles, et où il faudra renoncer à les exécuter (1). »

M. *de Tracy* avait proposé un sous-amendement, portant que le gouvernement *continuera* à préserver de toute atteinte les intérêts du notre commerce et l'indépendance de notre pavillon.

Les mots *continuera à préserver*, remplaçant le mot *préservera*, avaient pour objet, suivant M. de Tracy, de mettre en dehors de vote les conventions de 1831 et de 1833.

Le sous-amendement de M. de Tracy a été rejeté ; l'amendement de M. J. Lefèvre adopté à une immense majorité.

Il résulte de ce vote national, que le pays ne veut pas qu'on ratifie le traité du 20 décembre 1841 ; que le pays ne veut pas qu'on exécute les traités de 1831 et 1833, dont l'objet est rempli et le terme arrivé !

(1) Séance de la Chambre des députés du 23 janvier, *Moniteur* du 24.

Est-il vrai que les traités de 1831 et 1833 n'existant plus, la traite recommencerait ?

Ce sont là des craintes chimériques ; la traite s'en va, et la France a contribué à l'abolir par sa législation, beaucoup plus efficacement que par les traités qui ont concédé le droit de visite.

Les lois du 15 août 1818 ; du 5 avril 1827 ; du 8 mars 1831, prononcent les peines les plus sévères contre les auteurs et complices de la traite des noirs.

La loi du 8 mars 1831 punit le capitaine, le subrécargue, l'équipage, l'armateur, et jusqu'aux bailleurs de fonds, d'un emprisonnement de 2 à 5 ans, pour tentative de traite ; de 10 à 20 ans de travaux forcés, quand la traite a eu lieu ; prononce la confiscation du navire et de la cargaison, et une amende qui peut égaler le double de leur valeur.

Elle punit d'un emprisonnement de six mois à cinq ans tout individu qui aurait acheté ou vendu un ou plusieurs noirs esclaves, introduit par la traite dans nos colonies.

Cette loi et les ordonnances qui ont prescrit le recensement et l'enregistrement des esclaves, ont anéanti la traite dans les colonies françaises.

Une législation non moins sévère, a obtenu depuis longtemps les mêmes résultats, l'anéantissement complet de la traite, dans les Etats de l'Union.

Les autorités de la *Havane* viennent de publier un décret, portant que toute habitation sur laquelle on trouverait des nègres nouvellement importés serait confisquée.

Le même décret condamne à dix années de galère, tout individu convaincu de s'être livré à la traite.

Que les gouvernements anglais et français unissent leur influence pour obtenir que le Brésil publie une loi semblable, et tous les marchés à esclaves seront fermés, et la traite sera supprimée dans les Indes Occidentales (1) !

Si l'Angleterre dédaigne des moyens dont l'efficacité est éprouvée, voulant à tout prix la continuation du

(1) Elle n'existera plus que dans l'Inde Orientale, où l'Angleterre la supprimera lorsqu'il plaira enfin à sa philantropie de doubler le cap de Bonne-Espérance.

droit de visite, ne serai-je pas en droit de répéter avec le général Cass (1) :

« Etrange philantropie, après tout, de ne pas chercher simplement à supprimer la traite africaine, mais de choisir pour la supprimer, entre tant de moyens, le moyen le plus dangereux ! un moyen qui, si l'on y persiste, comme on en menace le gouvernement américain, entraînera aussi certainement la guerre entre deux grandes nations que le soleil de demain se lèvera sur elles ! »

Quoique le but des traités de 1831 et 1833 soit atteint, j'espère peu un refus de les exécuter de la part du ministre qui a signé le traité du 20 décembre 1841 !

Les défenseurs du traité du 20 décembre (car il s'en est trouvé) ont prétendu que le ministre signataire avait été le continuateur de M. Thiers et de M. le comte Molé.

Je comprends que l'accueil fait à ce traité en rende la responsabilité un peu lourde, et qu'on veuille, dans l'intérêt de M. Guizot, en reporter une partie sur ses prédécesseurs.

(1) Du *Droit de visite*, page 77.

Mais il n'y a là ni vérité, ni justice.

En juin |1836, une communication fut faite à M. Thiers, au nom de l'Angleterre, pour demander l'extension du droit de visite

M. Thiers laissa cette communications sans réponse.

Des tentatives de même nature furent également faites auprès de M. le comte Molé.

Loin de les accueillir, M. le comte Molé, dans ses dépêches du 31 janvier 1857 et 20 mars 1858, à M. Bois-le-Comte, ministre de France à Lisbonne, et à M. le comte Sébastiani, ambassadeur de France à Londres, appelle leur sérieuse attention sur les dangers que faisait naître le zèle excessif de l'Angleterre, et sur les défiances qu'éveille *son esprit de prépotence.* »

Le traité du 15 juillet 1840, était à peine signé, que déjà M. Guizot, notre ambassadeur à Londres, pressait son gouvernement de conclure le traité sur le droit de visite.

Le moment d'être agréable à l'Angleterre, était mal choisi.

M. Guizot, suivant moi, se montrait beaucoup trop oublieux de l'injure faite à la France, empressé, outre mesure, de rentrer dans le concert européen.

M. Thiers, ministre des affaires étrangères, résista aux instances de l'ambassadeur.

Tels sont les faits.

A chacun ses œuvres. Le traité du 20 décembre 1841, appartient à M. Guizot.

Il appartient à M. Guizot seul, car il l'a négocié, conclu et signé sans avoir consulté ses collègues (1).

L'Angleterre, en négociant ce nouveau traité avec la France, la Russie, la Prusse et l'Autriche, a eu un double but : étendre le droit de visite concédé par les traités de 1831 et 1833 ; inscrire, par le concert des grandes puissances de l'Europe, le droit de visite dans le droit international ; en sorte que les États-Unis d'Amérique, refusant d'y accéder, et la guerre

______

(1) Ce fait a été affirmé de la mani   la plus positive, et à deux reprises différentes, par M. le marquis de Boissy, dans la séance de la Chambre des pairs du 2 avril (*Moniteur* du 3), sans que ni M. le ministre des affaires étrangères, ni aucun autre membre du cabinet se soit leve pour le démentir.

éclatant, aucune puissance ne pût leur venir en aide (1).

M. Guizot, dans des préoccupations que je respecte, mais que je déplore, n'a pas vu ce double péril. Heureusement, il n'a point échappé au patriotisme de la Chambre, et elle l'a conjuré, en rendant par un vote solennel la ratification du traité impossible.

Grâce à ce vote, je l'ai déjà dit, et je veux le dire encore, nous conservons la liberté de nos alliances, et le jour où la guerre éclatera, le pavillon de la France flottera à côté du pavillon américain !

Je ne répèterai pas toutes les raisons qui ont été présentées avec tant de force, dans les deux Chambres, contre l'extension donnée aux traités de 1831 et de 1833 par le traité de 20 décembre.

En multipliant sans limites le nombre des croiseurs anglais (art. 3);

(2) Le *Times* a trop tôt révélé les intentions de l'Angleterre; on lit dans son numéro du 7 janvier :

« Les cinq puissances signataires du dernier traité pour la suppression de la traite, ne se laisseront pas arrêter dans l'exécution de leurs engagements, par la résistance capricieuse du cabinet de Washington.

Les États-Unis ont déjà eu la guerre avec l'Angleterre; une guerre entre l'Union américaine et l'*Europe entière* serait une nouveauté !

En excitant leur zèle par l'appât du gain sans partage (art. 10);

En augmentant les présomptions de culpabilité, et en rendant les preuves de l'innocence plus difficiles (art. 9);

En laissant une chance de moins à l'indemnité (art. 11);

En donnant un droit de préférence pour l'achat du navire au gouvernement dont le croiseur aura opéré la capture (art. 12);

L'article 2, sur l'extention des zônes que M. le ministre des affaires étrangères s'efforçait de présenter comme insignifiant, a soulevé les réclamations les plus énergiques de tous les côtés de la Chambre.

« Vous avez livré aux Anglais l'Atlantique et la mer des Indes! » s'est écrié *M. Thiers.*

« Cette extension insignifiante, a dit *M. Berryer,* soumet au droit de visite l'univers commerçant! »

« On nous apprend, a dit *M. Dupin,* que lord Palmerston avait demandé l'Océan; je suis bien aise qu'il l'ait demandé. — Les Anglais se sont révélés par là :

ce sont toujours les mêmes prétentions, c'est toujours le *mare clausum* partout; tandis que nous, notre maxime, c'est le *mare liberum* partout.....

« On ne leur a pas accordé l'Océan, mais on leur a accordé l'Atlantique ! »

On ne leur accordera rien !

Le traité du 20 décembre 1841 ne peut pas être et ne sera pas ratifié !

M. Guizot a commis une faute grave en le signant. S'il le ratifiait aujourd'hui, après la manifestation des Chambres et du pays, il encourrait une immense responsabilité.